AF284585

La Pastorella

Ein König

Kurzgeschichte

Impressum

Bibliografische Information der Deutschen Nationalbibliothek:
Die Deutsche Nationalbibliothek verzeichnet diese Publikation in der Deutschen Nationalbibliografie; detaillierte bibliografische Daten sind im Internet über http://dnb.dnb.de abrufbar.

Lektorat: Lo Artisics   Hartberger Str.1, A-7411 Markt Allhau
Korrektorat: Lo Artistics -ebensolcher Anschrift.

Herstellung und Verlag: BoD – Books on Demand, Norderstedt

ISBN: 978-3-7543-3922-0

Vor nicht all zu langer Zeit machte sich der König auf, um sich in seinem Reich umzuschauen. Er wollte wissen, wer -da ihm dies seine Männer zutrugen- ihm sein Leben absprechen wollte. So verkleidete er sich als Einsiedler und machte sich auf, ins nächstgelegene Dorf, von wo aus die Geschichte ihren Anfang genommen haben soll. Zudem war es das einzige Dorf, welches so dicht neben den Wäldern lag. Der Wald allgemein ein gutes und sicheres Versteck bot. In diesem Dorf angekommen, geht er in die Dorfschenke hinein, die ihm als erstes ins Auge gefallen war. Letzten Endes gab es auch nur diese eine, in dem Dorf, aber der Anfang war jetzt mal gemacht.

Der König, als Einsiedler in seiner dicken, braunen Kutte, setzt sich in die dunkelste Ecke, läßt seine Kapuze jedoch auf. Schon stößt sich einer daran: „Du da! Dein Gesicht brauchst du vor uns nicht zu verstecken!" hallt es zu ihm. Der runde Stammtisch war voller Männer. „Meins ja?" entgegnete ihm der König kühn. „Na sicher deins!" hallte es verdutzt zu ihm zurück. „Was suchst du hier bei uns?" beobachtenden Blickes suchten einige nach dem bisweilen immer noch verdecktem Gesicht. „Womöglich ist es unser König!" Schallendes Gelächter brach aus allen heraus aber im selben Augenblick zog der Einsiedler seine Kapuze herunter.

Er sah in verquollene mit Furchen durchzogenen Gesichter. „Dann bin ich Euer König!" Erschrocken schaut einer sofort zu Boden und dreht alsdann seinen Kopf völlig uninteressiert mit abwertender Handbewegung weg. „Äh! Einsiedler müssen ja alle mal zum Spinnen anfangen!" Der Wirt beobachtet seine Stammtischsitzer und kann dem streitsüchtigen Schnauzer mit seinen trinkfreudigen Kompagnons kaum glauben, daß sie ihn einfach so sitzen ließen. Keine weiteren Sticheleien und ohne ihre gewohnten Gemeinheiten zeigen zu können? Sie hatten nämlich ein großes Repertoire anzubieten und waren stets willig, dies auch preiszugeben. „Na, fällt dir aber nicht's mehr ein, was?" schnauzt der Dritte aus der geselligen Kartenrunde zum Wirt. „Halt's Maul!" „Ha, ha,ha, ha! Bring noch mehr vom Met, ich hab Durst!"

STeffDer Wirt war Richtung Tresen gewandt, aber ehe der Angetrunkene aufstand, seine Faust geballt hochheben konnte, „Wirtsgaukl..!" lallte, „Patsch!" hatte er von selbigem schon eine geschallert bekommen. Man konnte förmlich zusehen, wie sein Auge nun blau wurde. Schon wurde er mit einer Hand am Nacken und mit der anderen am Gesäß, gepackt, und damit unsanft vor die Tür gesetzt. Im Zurückgehen keuchte der Wirt zum Einsiedler hinüber, „He du! Entweder du trinkst noch was, oder!" „Ja, Met! Hier trink ihm seins, der Krug ist noch voll!" meinte einer aus der Kartenrunde. „Und seinen Sold schreibe ich dir auch gleich mit drauf." bemerkte der Wirt. Er stellte ihm den Krug rüber und lies ihm nun Thorwald's dreiwöchigen Sold vor.

Zufrieden und mit zwei Silbertaler in der Hand geht der Wirt wieder hinter seinen Tresen. „Dann nimmt er aber auch seinen Platz hier ein!" fordert Steffan, der Schnauzer und wies ihm mit gestrecktem Zeigefinger den leeren Platz zu. „Ja, da bin ich dabei!" bessesr konnte es für den König gar nicht laufen und nimmt Platz und der Nachmittag seinen Lauf. Und Die Neugier fing Sprache. „Woher kannst du dieses Kartenspiel, Fremder?" „Wer war der Betrunkene?" antwortete der König. „Er, der abgesoffene Unteroffizier?" Steffan deutet zur Tür, wo Throwald sicher noch saß. „Im wahrsten Sinne des Wortes, der labert von Waldfeyen im Weiher und von einem Auftrag, der gegen den..." „Gegen wen?" will der König sichtlich erschrocken wissen, sich das aber nicht anmerken lassen. „Ach das sind bloß Worte von einem Besoffenen, was will man dem glauben?" beschwichtet Steffan. „Der sagt auch, daß ihn abends die Feyen in ihren Waldgemächern hievten und ihn umsängen, als das er der neue König ist. Ein von Gott gesalbter, echter also."

„Ist er am End' irre oder will er sich nur aufspielen?" interessiert sich Remus. „Du aber sag', woher kennst du dieses Kartenspiel, davon weiß doch nur unsereins, aber dein Gesicht kenne ich nicht!" Gangolf schaute ihn mit strengem Blick an. „Ein Offizier in der Garde meines Vaters hat's mir gelernt!" Nun sehen sich alle gegenseitig an, aber keiner sagt etwas. „Ha, ha, ha!"

brach erneut schallendes Gelächter aus ihnen heraus. Den König aber erkannte niemand. „Ja, mein Vater hat mich auch den Offizieren vorgestellt, immer dann, wenn sie wieder unsere Stallboxen mit den Pensionsbetten verwechselten" Es lachten wieder alle laut auf aber jetzt musste auch der König mitlachen. „und sich mit den Dirnen in der Schenke amüsierten.

„Ja? GEnau so einer ist dort entstanden, so einer, wie der Habenichts, der jetzt draußen vor der Türe sitzt!" „So?" „Ja, ja! Er soll ja ein Sohn vom ersten Königsoffizier sein und dem alten Bauern hier vom Dorf wollten sie es unterschieben." Erinnert sich der redefreudige Tamás. „Und weiter?" jetzt wollte der König mehr erfahren. „Wie ist es weiter verlaufen?" „Siehst du ja, er hat und hatte nichts und träumt im Suff ein König zu sein, umringt von Waldfeyen." Ha, ha ha,ha. „Wenn er der Sohn des ersten Offiziers ist, dann wurde für ihn doch im Königshof gesorgt. Alle Kinder der Garde werden versorgt, alle!" sagte der Einsiedler streng. „Moment, er hat ihn aber nie anerkannt und erst viel später ins Regiment mit aufgenommen." ergänzte Gangolf.

„Aber wen suchst du noch mal?" fragte er jetzt beiläufig. „Ich suche den Kerl, der seit geraumer Zeit dem König das Leben abspricht und bringe ihn dann vor unserem König dar!" „Na dann nimm ihn nur mit, der ist es!" ergänzte Remus „Der ist es?" „So ist es. Der ist es!" stimmte nun auch Steffan mit ein. Erstaunt war der Einsiedler schon, aber gesagt, getan! Er hievt sich mit dem Trunkenbold auf sein Pferd und reitet mit ihm zurück, hinauf ins Schloß. Da der König aber ein gelehrter Mann war, wollte er ihn auch selbst befragen und so brachte er ihn erstmal bei den Knechten unter., und die Mägde sich um ihn erst einmal kümmern sollten.

Sie waren für saubere Wäsche im Schloß zuständig, die Knechte für trockene Ställe. So verging einige Zeit, aber der König ließ sich ab und an von ihm berichten. Thorwald durfte sich unterdeß schon um die Pferde kümmern. Aber auch erledigte er so gut, das ihn nun der König beauftragt hatte, sich um seine zu kümmern.

Hjördis war seit Thorwald's Eintreffen an seiner Seite und wich ihm auch nicht mehr von der Stelle. Sie haben mittlerweile einen Sohn. Er ist aber ein so lieblich, warmherziger Bub, das man Fedon, so hieß er, am liebsten an sich drücken wollte, in seinenm blond gelocktem Haar, mit seinen blauen Augen! Er war scheu und doch voller Neugier! Lebensfreudig und er schenkte ihnen oft auch unverhofft so viel Freude! „Aufmachen!" Poch! Poch! Poch! „Wer da?" „Der König verlangt!" Es war mitten in der Nacht! Schlaftrunken reitet Thorwald mit der Garde doch mit. Zum König, der ihn auf einem goldenen, mit Vorgelarten verzierten Thron schon erwartet. Darauf sind Habichte abgebildet, wie sie auch lebendig in des Königs Garten zu finden sind. „Königliche Hoheit!" Tief verbeugt im Kniefall begrüßt Thorwald den König. „Ich sehe ihn wohlauf und er macht mir auch einen recht erfreulichen Eindruck. Einen, wie ich ihn nur von meinen Offiziersanwärtern kenne!" Der König steht auf, geht die Stufen vom Thron herunter und mustert Thorwald. „Wann tritt er wieder in den Dienst?" „Majestät!" Thorwald stockt der Atem. „Will er denn nicht?" „Wollte Euer Gnaden mich? Wie könnte ich nein sagen? Ich bin Euch zu großem Dank verpflichtet, Majestät! Ihr seid der größte Herrscher! Euch verdanke ich mein Leben!" Thorwald ist dem König sehr dankbar. „Dann solle er mir dienen. Zu fürderst soll er unsere jungen Rekruten unterrichten und hat er sich erst zurecht gefunden, bei Hofe, so kann er seinen Dienst getreu mir, des Königs von Gottes Gnaden, wieder aufnehmen!" Thorwald hat nun seinen Platz gefunden, das spürte der König. „Mein König, nichts verlangt meinem Herze mehr, als Euch in treuer und tiefer Ergebenheit zu dienen!"

„Kommst du? Sonst sind wir erst zur Dämmerung daheim!" Thorwald war mit Fedon ausgeritten. Sie sind an dem kleinen Weiher, inmitten tiefer Wälder. Dieser Weiher ist nur durch die kleine Lichtung in ein wundersames Licht getaucht worden. Es war einer der schönsten Stellen im ganzen Königreich und auf Befehl des Königs, baute Thorwald mit den jungen Rekruten das Bootshaus, worauf sie gerade einen Kontrollgang machten. „Können wir nicht doch noch...?" „Vergiss es!" ordnet der Vater an und drängt nun zum Aufbruch! Wehmütig schaut Fedon zurück, zu diesem wundersamen Ort der allerhand Fantastereien in einem weckt. Wozu aber nie die Zeit ausreichen sollte, um sie ganz ausspinnen zu können. „Wie wäre ich denn doch so gerne hier geblieben." und dann, auf einmal und völlig überraschend stellt er die Frage: „Sag Vater, wie kommt es, daß du nie von dir erzählst?" „Das hat Zeit, mein Sohn. Wichtig bist jetzt du, damit du weißt, was für uns in naher Zukunft und unserem Stand gemäß gut und zu tun st. Ich will nicht, daß du schon zu Beginn ins Holpern gerätst!" Nicht ein Wort noch kam seinem Vater mehr über die Lippen, der an ihn zuvor gestellten Frage. Fedon war mittlerweile zu einem jungen, stattlichen Mann herangewachsen, seine Lockenpracht etwas länger, aber die Statur gemäß eines Adonis', man fühlte in seiner Nähe, als ob er ein verkannter Held aus vergangenen Tagen sei.

„Welch Liebreiz deiner Augen,

sag' mir hier und jetzt und aus der Brust!

-Wen hast Du zuvor geküsst?"

„Natürlich niemanden!" verteidigte sich Merve Jedesmal, wenn sie sich begrüßten. Fedon nimmt sie an beiden Händen und führt sie im Kreis herum. „Sagt' liebreizend Maid, wollt ihr denn gar nie einmal mit mir zu Feste gehen?" schmusen wollend kommt er ihr immer näher. „Aah, ha!" schnell springt sie zur Seite. „Vater erlaubt es nicht, das weißt Du!" „Dann soll ich wohl deinen Vater fragen!" „Ich möchte wissen, wie es ist." denkt er bei sich. „Ich werde ihn um Erlaubnis fragen, wegen des Festes, ich versprech's!" war Merve's gewohnte Antwort. Das ging nun schon eine ganze Weile so zwischen den beiden, aber man hatte auch den Eindruck, daß Merve es jedesmal wirklich ernst meinte. Schnell lief sie zum Vater nach Hause und Fedon, der Strahlende, ging seinem Vater weiter zur Hand.

Sie sollten noch den Brunnen ausschöpfen, der als Pferdetränke diente. Einige Rösser kränkelten und selbst der Tierarzt konnte sich nicht erklären warum. „Wer steigt runter?" die Knechte, die zuvor eifrigst die Eimer voll Wasser trugen, waren jetzt nicht mehr zu sehen. Nur Vater und Sohn standen sich noch gegenüber und so willigte Thorwald in die unausgesprochene Bitte seines Sohnes ein. „Du meldest dich aber nach jedem zehnten Fuß!"

Staunend aber zögernd kamen nun die Knechte wieder hervor mit neugierigen Mägden an der Hand. Fedon

hängte sich gerade in die Seile. „Jetzt geht er runter!"
„Odjin mög' ihm beistehen!" „Möge er ihm beistehen."
Staunend besannen sie sich nun um ihn herum und
kein Schritt wurde mehr unbedacht gesetzt. Keine
Stallfliege wurde mehr von verärgerten Knechten
zerdrückt, sie alle lauschten gespannt dem Geschehen
entgegen.

„Geht weiter!" rief Fedon bereits zum vierten Mal und
das waren nun schon umgerechnet zwölf Meter Tiefe.

Da stürzen plötzlich die Jagdhunde herein! Sie trugen
keine Halsschlaufen und schlugen vor Thorwald so
stark an, daß er nichts mehr hörte für den Augenblick.
„Bringt die Hunde weg! Was soll das?" schrie er und
schon schnellte er mit dem Rücken auf den Boden. Das
Seil nur noch lose in seiner Hand haltend ließ er es aus
der Hand fallen und rannte zum Brunnen vor.

„Fedon? Fedon!" Alle Versuche ihn drunten ausfindig zu
machen scheitern. „Fedon?" hochroten Kopfes befahl
Thorwald nun zwei seiner Knechte, ihn selbst zu
sichern. „Aber Herr!" „Los!" schrie er laut. Alles war
jetzt in Aufruhr und sie taten nun auch, was ihnen
befohlen ward! „Geht Weiter!" rief Thorwald an der
mittlerweile gleichen Stelle, wo Fedon zuvor war.

„Geht weiter!" wiederholte er, in immer kürzeren
Abständen, aber diesmal zitterte seine Stimme. Die
Knechte blickten einander besorgt an. Von ihnen
wusste zum Glück niemand, wie tief die Falldauer, die
Thorwald ausgerechnet hat, betrug. Thorwald war
nämlich eine ganz schön lange Zeit alleine in den
Wäldern, mit allen Entbehrungen eines bürgerlichen
Wohlstandes. Es ermangelte ihm jedoch an nichts,

seiner Ansicht nach, denn war es ihm auch vielmehr Freiheit als Entbehrung. Angst machten ihm hingegen solche Gemeinschaften. Da fühlte er sich allein sicherer. Aber nun hier hängend, je zwei Ellen zwischen quadratisch geklopften Steinen, mit angewachsenen Moosflächen und weißen Mineralausspülungen hatte er jetzt keine Wahl mehr. Thorwald wußte, das die Knechte oben Angst haben, weil sie sich allesamt in ihrer Freizeit mit Aberglauben beschäftigen und im Ernstfall fest daran glaubten. Auch wenn die Zusammenhänge zuvor sich ihren Vorstellungen beugen mußten. „Bleibt ja hier und wartet auf mein Zurufen!" befiehlt er, doch „Uaaaah!" es war geschehen. Der Brunnen inmitten des begrünten Hofes verschlingt das Seil und heroben laufen sie in Todesangst in ihre Häuser zurück.

Das war eindeutig: der Sohn tief im Brunnen und der Vater mit brüchiger Stimme nun selbst darin. Er muß sie wohl gesehen haben! War doch bekannt, aus Erzählungen, daß an Brunnen sich Meerfeyen oft ein Kind bei den Menschen ausmachten und nun haben sie sich gleich Vater und Sohn genommen! Den Knechten war das eindeutig zu viel. „Oaaaah!" die Schreie verstummten nicht mehr, man hörte sie schon bis in die Burg hinauf. Fedon's Mutter, Hjördis, lies augenblicklich ihr Nähzeug fallen, „Fedon!" Ein Stich durchfuhr sie in der Brust und sie rennt so schnell sie kann, zu den Ställen hinunter. „Was ist passiert? Wo ist mein Sohn?" sie packt den ersten, den sie sieht am Arm, der Knecht aber keucht in seiner Panik und mit einem kräftigen „Hauoaaaah!" reißt der sich von ihr wieder los und läuft schreiend mit hochgestreckten Armen über den Hof.

Hjördis hört soeben die schweren Eisen der Türschlösser in deren Riegel fallen. Klack! Klack! Klack! Klack! Plop! Der Letzte war wohl einer aus Holz. „Thorwald!" stieß sie voller Angst hervor. „Hjördis! Hier! Hier unten, ich bin im Brunnen!" „Thorwald!" Erleichtert und doch voller Sorge stürzt sie sich an den Brunnenrand und durchsucht hastig die Seile, die noch vor dem Brunnen liegen, bindet sich eines um und schmeißt es hinunter. „Komm, du kannst hochkommen! Komm hoch!" fleht sie Thorwald an. „Nein, Hjördis, warte! Ich bin nicht verletzt! Warte!" Durch den ganzen Aufruhr noch völlig außer Atem, kniet sie vorm Brunnen und fleht inständig: „Odjin, bitte laß mir die Bange vom Herzen fallen und meinen Sohn wieder haben!" Voller Zweifel und ob ihres Bekenntnisses, ruft sie zur Minute ihrer Urgroßmutters Wahrheit aus! Wissend, das längst schon alles Heidnische Gebet verpönt war! Adelrun kam gerade den Weg entlang, mit einem Bündel frischer Kräuter in der Hand. Sie blieb der Kräuterkunde treu und hatte stets ein tröstendes Wort auf den Lippen. Selbst der König suchte sie auf. „Besorgte Hjördis! Was ist nur passiert? Hier!" schon zupfte sie vom Bündel kleine Blätter ab und reichte sie ihr. „Kauen." Sagte sie eindringlich. „Sie schrien alle und liefen durcheinander, als wäre der Leibhaftige hinter ihnen her!" Ihren Kopf am Brunnen neigend, spricht Hjördis tränenreich weiter: „Thorwald ist im Brunnen und ich weiß nicht um Fedon! Er ging zuerst hinab!"

„Hat er seine Belegschaft wieder mal in Aufruhr versetzt, ja? Komm trink erstmal etwas Wasser!" und reicht ihr die Feldflasche. „Diese ist es gewesen!" „Joh, Joh! Diese hat was damit zu tun! ganz sicher!" „Ja genau. Sie umgibt sich mit Zauber und bringt uns das Unglück herein!" hörten sie beide es hinter ihnen angestrengt aus verriegelten Türen zurufen.

Adelrun zuckte zusammen, es ging plötzlich um sie, um ihr freies Leben! Mit betroffenem Blick schaut jetzt auch noch Hjördis zu ihr. „Sieh mich nicht so an!" schrie sie innerlich aus. „Versteck dich in unserem Haus, dort werden sie nicht rein gehen!" bot Hjördis ihr an. „Das ist keine gute Idee! Sie kennen euer Haus von Botengängen." „Gehst du einmal in die Wälder, kannst du nie mehr zurück! Du hast nur diese eine Wahl! Verriegel alle Türen, auch die zum Stall und die Fenster am Eingang!" Hjördis' Blick war nun sehr eindringlich geworden und Adelrun, sichtlich mit der Situation im Widerspruch, zieht ihre Kutte hoch und geht.

Hjördis aber war auf einmal so leicht ums Herz und sie fragt mit sanfter Stimme wieder in den Brunnen hinein, „Was soll ich tun, Thorwald?" Schon im Aufstehen glaubt sie gehört zu haben, „Geh du nur und suche nach den Stellen im Wald, dort, wo die Kräuter wachsen!" „Ich, ja? Nerven haben die alle, aber ich werde sie schon finden!" Das Seil war im Nu abgebunden aber die Schritte zum Stadttor waren endlos, Hjördis ging so bedächtig, als würde sie niemanden aufwecken wollen, auf Zehenspitzen, vorbei an den aus den Holzritzen hervorlugenden, ängstlich, zusammengekniffenen Augen. Doch bevor sie hindurchging, durch's Stadttor, wollte Hjördis sich noch einmal umdrehen. Doch war sie mit den Füßen schon hindurch und nun zog es sie weg. „Sie läuft, sie läuft! Wir hatten Recht!" ergötzen sich die Stimmen hinter den verschlossenen Türen, die mit jeder Sekunde wieder selbstbewusster und lauter wurden und ihre Türen wieder aufstießen. Hjördis aber hört das alles nicht mehr, sie rennt den schmalen Steg entlang, bis zum Waldeingang vor. Es war ihr nur kurz, in einem Augenblick, als stieße man sie die Treppen hinunter zu einem tiefen Kerker.

Hjördis war aber bloß gestolpert und läuft sogleich wieder weiter, auch weil sie der Meinung ist, sich bestimmt nicht lange in dem dichten Wald aufzuhalten.

Dort, wo all die Rechtlosen drin wohnen selbst Eremiten, Asketen, Zauberer, Zwerge, Wandermönche, Priester und Räuber. Ihr fiel jetzt aber Adelrun ein, an ihr war nie etwas Furchterregendes erkennbar, sobald sie wieder aus den Wäldern zurück aufs Schloß kam. Das behielt sie aber stets für sich. „Das ist...! Ist das Fedon?" Fedon saß auf einem weißen Ross und staunte, seine Mutter hier zu sehen! Sogleich gab er seinem Roß die Sporen. „Fedon!" rief Hjördis völlig verdutzt und war in Mühe, klar zu denken, ob sie träumte. Doch sie ließ diesen Moment auf sich beruhen, denn sie erinnert sich, „Suche nach den Stellen, dort, wo die Kräuter wachsen!"

„Oho ho ho! Na?" ein Zwerg kam gerade des Weges entlang. „Na und du?" „Na hör mal! Fragen wird man ja noch dürfen!" kopfschüttelnd geht der jedoch weiter und ist gleich darauf nicht mehr zu sehen in den für ihn viel zu hohen Gräsern. Hjördis sieht zum Himmel auf und spürt sogleich auch schon die ersten Regentropfen auf ihr Gesicht fallen. Schnell schaut sie nach einer dichten Baumkrone, als Unterschlupf. „Aber nicht hier!" sagt das kleine Zwergenmännlein, „dort drüben musst du weiter gehen!" „Das ist recht nett, Herr Zwerg! Ich muß aber zur Stelle, wo die Kräuter wachsen." Da sieht sie, welch große Poren auf seiner langen höckrigen Nase doch sind. Ein Muttermal nebendran, wo ein schwarzes langes Haar rauswächst. Seine Zähne sind Gelb. Er hat ein altes, mit Furchen durchzogenes Gesicht und trägt eine blaue Zipfelmütze. Ärmchen, die muskulös aber dennoch zerbrechlich wirken.

Hjördis weiß von ihrer Großmutter, daß nur sehr wenige menschenähnlich seien. Abwartend schaut das Zwerglein mit großen Augen zu ihr hoch. Da fallen durch die Baumwipfel auch schon wieder Sonnenstrahlen ein und eine laute Stimme rufend: „Komm! Komm, komm, komm, komm!" „Komm! Komm, komm, komm ,komm, komm!" Man sieht eine kleine Schafherde, die von genau so vielen langnasigen, rotbackigen, kleinen Zwergenmännlein geführt wurden. „Du da! Geh, sofort weg! Hau ab hier!" Hjördis erschreckt sich und fragt „Wo wollt ihr denn mit den Schafen hin?" Kurz überlegend und widerwillig dann doch noch zu ihr wendend, läuft einer der Zwerge vor Hjördis Füße, stemmt seine kurzen Arme in die Hüften schaut grimmig neben ihr vorbei und doch wieder zu ihr hin. Er überlegt etwas. Dann schaut er ihr direkt in die Augen. „Jetzt hast du's verdorben!" zischt er sie wütend an! Ängstlich läuft Hjördis schnell hinter den nächsten Baum. Hinter dieser Eiche beobachtet sie weiterhin das Geschehen und sieht, wie aus den Schafen unter Rascheln und jauchzen kleine Kinder daraus wurden! Sie klopfen sich gegenseitig ab, husten kräftig und schüttelten sich. „Herje! War das vielleicht ein Zauber!" „Och, och! Nimmer mehr wollt ich das mehr sein!" sagt ein Junge langatmig.

„Warum sind sie zu Schafen geworden?" fragt sich Hjördis, „Frag doch nicht so etwas! Es ist alles verdorben!" das Zwerglein schüttelt wütend und enttäuscht seinen Kopf. „Sage mir, ihr seid doch den Menschen wohlgesinnt, was habe ich bloß verdorben?" Der langnasige Zwerg mit seiner blauen Mütze stapft durchs hohe Gras, nur diesmal schlägt er es zischend und fauchend zur Seite, sodaß die Büschel hinter ihm zufallen und man seinen Weg durch der Gräser Schauspiel noch lange nachverfolgen kann.

„Was habe ich denn verdo...?" „So bekommst du keine Antwort, nicht von Wichten, Kobolden oder gar Zwergen. Sie machen jetzt dies und gleich jenes, die erwischt man selten, aber du hast ihn erwischt!" antwortet ihr eine männliche Stimme. Mehr erleichtert als erschrocken fragte sie den Einsiedler nun erblickend: „Sagt mir, Eremiti, wo befindet sich die Stelle mit den Heilkräutern? Und hab ich nur verdorben? „Geh hier weiter und mach dir keine Sorgen. Du hast mit deiner bloßen Anwesenheit dem Zwerg die Macht genommen, sodaß ihm der ganze Zauber zerfallen ist! Sein Werk hast' ihm verdorben!"

Erfrischt aus dem Zusammentreffen mit dem Einsiedler geht Hjördis weiter. „Und du hast es doch verdorben und mich erlöst!" vernahm Hjördis als leichten Windhauch um ihr Gesicht herum, das sich mit einem leisen Pfeifen in der Luft auflöst. „Herje, das habe ich selber noch nicht erlebt! Sagt mir, wie heißet ihr? „Hjördis ist mein Name, so wie der Name meiner Mutter und Großmutter." „Ach! Laßt mich ein wenig mit Euch mitgehen, des Weges!" Hjördis willigt erfreulich ein und nebenbei kommt ihr Adelrun's mildes Lächeln zur Gesinnung, als sie aus den Wäldern wieder zurückkam.

Sie fiel noch weiter in Erinnerung, denn Adelrun hat sie umsorgt, auf dem Klostergut, als sie von ihrer eigenen Mutter mit zwölf Jahren an den Markgrafen verkauft wurde. Er hat sie, wie viele schon, zuvor auf seine Ländereien zum Arbeiten hingebracht, aber Hjördis nicht. Sie wurde von ihm zu Adelrun geschickt. Hjördis fällt noch weiter ein, der Abschied von ihrer Mutter, wie sie in ihr weißes Tüchlein hineingepustet hat, voller Leid gemurmelt hat, aber aus ihren strahlend blauen Augen keine Träne floß. „Machs gut, mein Kinde!" Flüsterte sie ihr ins Ohr, zog ihre samtrote Kapuze über und sehr eilig mit der Kutsche ihres Vaters abfuhr.

Der Markgraf war bekannt als eherner, gottesfürchtiger Mann, der sich durch seine guelfische Treue ein beträchtliches Anwesen erbauen konnte. Dies zwar zum Leidwesen des Königs, aber da er vom Markgrafen die Steuern erhielt und ein gutes Auskommen mit ihm hatte, legte ihm der König selbst, den als verrückt gegoltenen Thorwald vor die Füße. Und somit kümmerte sich letztlich Hjördis um ihn und pflegte Thorwald wieder gesund. Ihr war, damals wie heute, kein Wahnsinn an ihm aufgefallen. Auch war er ein Arbeitsliebender und fürsorglicher Vater und Ehemann. Allerdings fragte er sie einmal, ob sie jemals Waldfeyen begegnet wäre. Überrascht antwortete sie ihm: „Nein das bin ich nicht, jedoch hat meine Großmutter mir von ihrer Begegnung mit Zwergen und Wichten im Wald erzählt."

Der Weg führte noch eine ganze Weile gerade aus, umgeben von Wald und Wiesen. Aber nun sind sie an einer Weggabelung angelangt. „Dann gehe ich recht's weiter" überlegt Hjördis. Aber schon, nach kurzer Verabschiedung, sieht sie, nach nur wenigen Schritten, einen Brunnen. „Das ist aber! ...dieser Brunnen ist aus den gleichen Steinen, wie der auf dem Gut! ...wie ist das möglich?" „Mama?" hörte es Hjöris aus dem Brunnen rufen. „Fedon?" „Hier, hier bin ich!" Jetzt erblickt Hjördis endlich sein Gesicht im Brunnen. „Odjin sei Dank! Fedon! Bist du verletzt?" „Mutter! Wirf mir die Kräuter, die du neben dir siehst, in den Brunnen!" Hjördis dreht sich um, und tatsächlich, da stehen ringsum Büschel voll Kräuter! Einige hatte sie noch gar nie gesehen, doch Schachtelhalm, Malvenblüte und Schafgarbe erkennt sie auf Anhieb. Schnell einige Bündel davon ausgerissen wollte sie ihm die hinabfallen lassen, doch da war ihr etwas ins Gesicht gesprungen! „Au!" Es war ein grauer Ast mit dunklen Knospen. Der Ast einer Esche. Schon im Mund, aß sie unweigerlich einige Knospen davon. „Hier!" rief sie Fedon zu und ließ die Kräuter fallen. „Splash!" plötzlich erwacht Hjördis mit den Armen rudernd, im Weiher! In genau diesem, wo Thorwald beauftragt ward, das Bootshaus zu bauen. Hjördis atmete schwer, sie griff nach dem zugeschnürten, weißen Leinenbündel im Wasser und hielt sich daran fest. Es war aber nicht nur ein Leinenbündel, wie sie nun bemerkt hat. Nein, es war als sähe sie ihren Vater darin, der ihr zulächelt und sagt: „Keine Angst mein Kind! Gleich bist du in Sicherheit!" Hjördis konnte nicht schwimmen, sie ertrank beinahe als Kind und stieg seitdem nie mehr ins Wasser. Das, was in den letzten Stunden passiert war, war unglaublich. Es war alles so hoffnungslos und doch war immer Rettung da. Doch, sie wollte nun einfach raus hier, aus dem Weiher! Schon am rettenden Ufer angekommen, war sie noch gar nicht mal ganz aus dem Wasser, „Hjördis! Frau!" Thorwald läuft ihr entgegen und umarmt sie erleichtert. „Ach meine Hjördis!" Liebevoll streicht er ihr die Haare aus dem Gesicht.

Hjördis' weint. Ihr Blick fällt erneut aber in ihrer beider Vergangenheit zurück. Hatten sie doch stets ein gutes Auskommen und waren auch nie unglücklich gewesen, so weit sie das sagen konnte, und dennoch, es war ständig etwas zwischen ihnen. „Ruh dich aus, ich halt dich in meinen Armen. Es ist alles gut, komm wir gehen ein Stück weiter, in die Sonne." Hörte sie Thorwald aus der Ferne sagen. Hjördis' Urgroßmutter war schon einmal einem Zwerg begegnet und er war einer der wenigen, der Poren auf seiner Nase hatte, menschenähnlich war. Sonst sehen sie alle aus, wie aus Ton gebrannt, aber der hatte sich vor Großmutters Augen in Nichts aufgelöst und war einfach weg. Hjördis' Vater war im Ritterstand und eines Nachts in die Wälder gegangen und nie mehr daraus zurück gekehrt. Ihre Mutter lies damals laut den Abschiedsbrief neben der Großmutter vor und Hjördis hörte, unterm Sofa versteckt, alles mit an. Sie erinnert sich, als sie vom Aufschrei ihrer Großmutter erschüttert aus dem Haus gelaufen war. Durch das Burgtor in den tiefen, dunkelgrünen Wald hinein. Mit gerade mal neun

Jahren. „Zilp-zilp-zilp-Zalp." hört sich so nah, auch das „Zitit, zitit, zitit", so fröhlich neben ihrem Ohr an. Gegenüber, auf der hervorgewölbten, dicken Eiche sitzt ein Eichelhäher, der sie fragend anschaut. „Krah, krah. Krah." Unterbricht eien Krähe die stille Kommunikation, während alle Krähen, nebenan auf der Wiese, Platz nehmen. Hjördis war nun wach. Aus aller Anstrengung heraußen, legte sie sich gleich wieder ins weiche Gras und ließ sich von den wärmenden Sonnenstrahlen aufwärmen. Mit Erleichterung fand sie sich in einer wunderbaren jedoch fremden Landschaft wieder. Rehe traten aus dem dichten Wald hervor, kurz in die Lichtung hineingeschaut, waren sie auch schon wieder weg. Über sich hört sie die Schwingen zweier Graureiher, die mit kräftigen Flügelschlag anlauf nahmen und an ihr vorbei zogen.

Sie sagte kein Wort, warf keinen Blick zur Seite, nur dem Flügelschlag lauschend wurde es immer stiller bis alles verstummt war. „Mach hin, es kommen bald die Wildschwäne!" schnäbelte ihr eine Wildente im Watschelgang zu. „Was machen die dann?" wollte Hjördis wissen. „Mach dich auf!" Nicht sonderlich irritiert blieb Hjördis jedoch liegen und viel erneut in einen tiefen Schlaf hinein. „Hjördis!" Thorwald hielt sie immer noch fest in seinen Armen, doch Hjördis wollte und wollte nicht aufwachen. Er schrie: „Hjördis!" Erschrocken setzt sie sich auf. Es war schon Nacht geworden, sie ist schweißgebadet. Der Mond steht leer, die Nacht somit fast schwarz. Noch etwas benommen, geht Hjördis in den Weiher hinein und kommt frisch gebadet wieder heraus. Sie hört erneut die Wildente schnäbeln: „Mach hin, die Wildschwäne sind gleich da!"

Sich umdrehend meint Hjördis, doch tatsächlich des Eremiten Gesicht im Wasser gesehen zu haben, welches aber sogleich von jungen, stählernen Rittern, die aus dem Wasser stiegen, abgelöst wurde. Sie waren alle recht vergnügt und fröhlich im Wasser zugegen, ihre Uniformen an den Bäumen aufhangen,aber manche sogar von selbst stehen blieben. „Hörst du nicht?" wehte es ihr nochmal um die Ohren, ihre Haare durchsausend dabei. Sie hört voller Neugierde genauer hin und hört, das sich die Ritter über einen Kampf unterhielten. „Fahren wir dann gen Hel? Und weiter noch gen Niflhel? Niemand wird uns dort je wieder erlösen können!" „Paperlapapp, pap pap! Waren doch auch schon andere Krieger keine Heiligen und doch Helden!" sang da einer in die Runde hinein. „Kommt es denn darauf an, für wen man kämpft, wir sind doch Ritter und Ritter kämpfen immer für ihren König!" „Wie?" „Wenn dein König von Odin gesandt, also gesalbt ist, so wird seinen Kämpfern in Gimle die Tür zum silbernen Saal geöffnet, gewiß!" „Ja, ja! So steht's geschrieben." Nun wurde der Stimmlaut unverständlicher, immer länger gezogen und unerträglicher anzuhören. Es tat der Weiher mit einem Krach seinen tiefen Abgrund auf, zog die Ritter alle mit sich hinein und die Uniformen sprangen hinter ihnen nach. „Hjördis! Hjördis! Komm, wach auf!" Thorwald schaffte es, sie zu wecken. Sie schwitzte stark, war schon ganz durchnässt. Längst war er aber schon mit ihr aus dem Wald herauß geritten, der ihn -nebenbei gesagt, nie so ganz unberührt ließ. Thorwald ritt mit Hjördis die Küste entlang. Die schier endlose Weite Okeanus' zeigte die Gischt ans Gestein schlagen, im wuchtartigem Aufpeitschen an Felsen und mit

Schäumen sich wieder ins Meer zurückziehend um aufs Neue aufzupeitschen. Die salzige Gischt sprühte bis ganz nach oben in die Luft, sodaß sie selbst noch Salz auf den Lippen spürten. Bis sich der Wellenkamm wieder an dem grauen Felsen zurück ins Meer zog.

„Wo ist Fedon?" fragte die schlaftrunkene Hjördis. „Du wirst es kaum glauben, er war genau hier. Genau hier, wo wir jetzt stehen, sagte er, er ist nach dem Aufprall im Brunnen hier an der Küste erwacht." „An der Küste? Er war doch mitten im Wald, auf einem weißen Schimmel!" entgegnete Hjördis. „Nun, er ritt bis an die Klippen vor, ließ seinen Schimmel an dem einzigen Maulbeerbaum zurück und schaute staunend in die meeresfarbene Landschaft Gylfi's hinein." So erzählte er es mir, fast lyrisch, als er vor mir stand und ihm alles klar geworden sei, daß er gehen müsse. „Sein Leben warte draußen, außerhalb der starren Burgmauern und mit Odjin's Geschick würde er seinen Weg schon finden!" Er hat sein Bündel mit all seinen Sachen gepackt und ich solle dich tausendmal Küssen und dich in seinem Namen grüßen und drücken. „Er danke dir so sehr!" „Ich werde ihn nicht mehr wieder sehen, nicht wahr? Odjin möge sein Geschick über ihn walten lassen und ihn beschützen!" Hjördis war stolz und traurig zugleich über ihren Sohn. Es war mittlerweile der nächste Tag angebrochen, aber immer noch unter freien Himmel seiend, fing auch Thorwald an zu reden. Er erzählte von Adelrun. „Weißt du, daß ich davon schon wußte, was in den sieben Halbjahren nun passiert ist?" „Sieben Mondjahre?

Warst du die ganze Zeit auf dem Gut?" nickend erzählte er weiter, „Das wusste ich alles schon, als ich im Wald lebte und ich habe auch dich gesehen! Das war alles kurz bevor man mich für einen versoffenen Verrückten erklärt hatte und mich der König selbst ausgelöst hat! Es war, als hätte ich im Wald mein Schicksal gesehen und mich vor meinem Schicksal gedrückt, weil es so unwirklich, beängstigend mir schien. Selbst begünstigt, mich als König gesehen, was ja im Kleinen auch wahr ist! Nun, stell dir vor! Adelrun wurde nach zwei Tagen vom König zu sich geholt, weil er mich nicht finden konnte und nicht wußte, was los war, sie zu Hause aufgesucht hat!" „Und dann?" „Er verliebte sich in diese erschrockenen aber kampfbereiten, blauen Augen." erzählte er mir strahlend und es gab wohl auch einen Kampf zwischen den beiden, aber erst, als sein Ring auf den Boden aufschlug, war es ihr klar, daß es der König und gar nicht hinter ihr her war. Sie lief erschrocken davon. „Und was hat das mit deinem Königsmord zu tun?" „Er ist ihr hinterher und war auch im Wald, hat auch mich gesucht, wie er sagte, aber sie hat ihn letztendlich gefunden, halb verdurstet und ihn wieder gesund gepflegt. Sie sind gemeinsam wieder aus dem Wald herausgekommen. Wir haben angenommen, weißt du, als ich dann nach endloser Suche nach dir aufgegeben hatte, daß du nicht wieder kommst, doch Adelrun ließ ausrichten, des Königs Sterndeuter sähe dich, im

Weiher schwimmen, aber da du nicht schwimmen kannst, war mir klar, ich muß zum Weiher!

Es gibt Könige, die ohne der Bürde ihrer Abstammung und ohne die Macht des Papsttums Könige sind." „Wir haben uns unser Reich, jeder für sich nun geschaffen, nicht wahr?" „Ja, unser König! „Er lebe hoch!" rief Thorwald euphorisch. Hjördis wurde aber wieder stille, sie sank ihre Augenlider und sagte, „Meinst du, es bleibt nun so, wie es gerade ist? Wir haben ein Leben hinter uns gebracht." Thorwald sieht Hjördis an und wartet nun auf ihre Worte, dessen, was er längst gespürt hatte. Er erinnerte sich an die Worte Adelrun's und wiederholte sie laut: „Sie wird gehen wollen, wenn sie zurückkommt, sie es geschafft hat! Es wird von der alten Hjördis nicht's mehr da sein. Sie wird weiter wachsen wollen und wolltest du sie aufhalten, um deines Ansehen willens, würde sie daran ersticken." Thorwald viel zum ersten Mal eine Ähnlichkeit mit Adelrun auf, an ihr, und es graute ihm kurz aber heftig, denn Adelrun war für sie beide stets eine Heilige mit all ihrem Wissen. Dessen, das Hjördis aber auch ein Stück weit ihren Vater in ihm sah, störte ihn nie wirklich, denn, sie war unvoreingenommen und traute sich, ihn slebst kennenzulernen, ihn zu lieben, wenn auch alle schlechte Nachrede ihrer beiden Glück nie ins Wanken bringen vermochte und das dankte er ihr insgeheim. Da stupste ihn Hjördis in die Seite, sie zeigte mit der rechten Hand auf den Waldeseingang. Ein Wandermönch kam da recht lustig des Weges entlang. Der Mönch in seiner erdig, braunen Kutte die mit weißen Kordel um die Hüfte, wurde mit jedem seiner Schritte, die er setzte, sein federleichtes Haar aufgewirbelt. Noch dazu, war er ein recht hochgewachsener Mönch, schlacksig und so gar nicht rund und dicklich! Sie schaute zu Thorwald und er zu ihr. „Ich gebe dich frei, du kannst selbst entscheiden."

So dankbar er ihr war und sie sich über seine Worte auch freute, so reute es ihm auch schon, im selben Moment, sie ausgesprochen zu haben. Der Augenblick war jedoch klar. Hjördis verabschiedete sich mi einem Kuß von ihm. Dem Mann, mit dem sie einen so wunderbaren Sohn großgezogen hat und ein so ganz und gar absehbares, sicheres Leben geführt hatte. „Und nun? Seid ihr euch einander sicher, dann antwortet mit..." „Wartet." unterbrach Hjördis den Wandermönch, der jetzt vor ihnen stand.

Thorwald suchte eben etwas in seiner Tasche. „Danke, aber ich nehme kein Geld für Euren Segen." antwortete der Wandermönch, ihm zuvorkommend. Er half Hjördis vom Pferd doch sie bleibt bei ihm stehen. „Hjördis, liebe Hjördis! Erzähle mir aus deinem Leben und ich dir von dem was ich erlebt und als wahr empfunden habe." Nun Hjördis wusste, daß sie mittlerweile Jahre im Wald verbracht haben musste, aber auch, daß ein Rückzug und sogenannte Umwege mit zur Vorsehung gehören. Thorwald verstand nur wenig der Worte, ritt den Hügel wieder hinauf, zurück in die Burg. Er hält ein, ein letzter Blick am Gipfel sich ihnen zudrehend. In diesem Augenblick meinte er, zu sehen, wie Hjördis sich mit dem Wandermönch die Hände reichend, fast schwebend in die Lüfte begaben und fröhlich darin sich zulächelnd tanzen. Doch sogleich erwachte in ihm auch der Gedanke, daß sie sich längst in den Wäldern kennengelernt haben mussten. Seinen letzten Gruß bezeugend, winkte er mit seinem breitkrempigen schwarzen Hut, der mit einem Weidenrutenzweig geschmückt war. Agnes, seine getreue Haushälterin, war besorgt über seinen Ausritt zum Weiher. Recht bald schon wurde sie Thorwalds zweite Frau und gebar ihm ein weiteres Kind. Der Wandermönch aber, der keiner mehr sein wollte, und Hjördis, die befreit ihr eigenes Leben beschritt, gingen von da an in ihr neues Leben.

...und wenn sie nicht gestorben sind, dann leben sie noch heute.

Befrlügelt über mit dem Eigenstudium über das Geschichtswissen des Hochmittelalters, besonders aber über das Leben und Wirken der Staufer, über deren Gegenspieler bis hin zum letzten Staufer, Konradin, dessen Ableben unausweichlich an einflußreiche Frauen und der Kirche ihrem Machtanspruch vorgezeichnet war, entstand parrallel dazu dieses Werk. Es ist eine fiktive, aus dem Schicksal Konradins, entstande Geschichte.

Lit.Hinweis und Quelle n der Inspiration zu dieser Geschickte:

Deutsche Mythologie, Jakob Grimm
Nordische Mythologie

Das Hochmittelalter
-Die Stauffer-
Konradin/Karl I von Anjou
Eleonore von Aquitanien
Eleonore Plantagenet
Blanka von Kastillien